하루 10분 속담 따라쓰기

2단계

키즈키즈 교육연구소 지음

미래주니어

차례

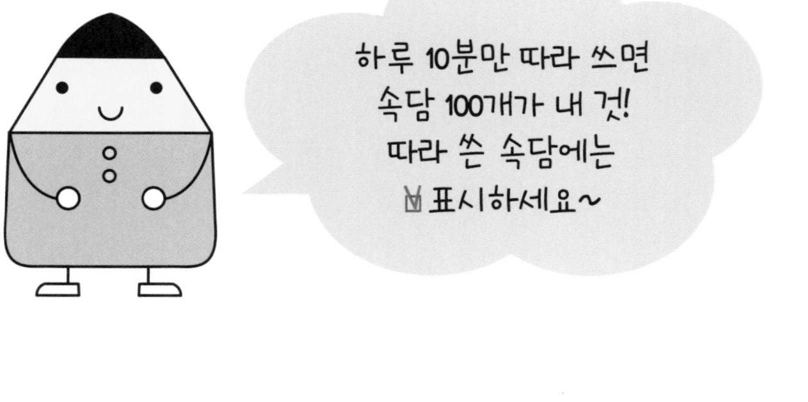

하루 10분만 따라 쓰면
속담 100개가 내 것!
따라 쓴 속담에는
☑표시하세요~

- □ 46. 모래 위에 쌓은 성
- □ 47. 못된 송아지 엉덩이에 뿔이 난다.
- □ 48. 무소식이 희소식이다.
- □ 49. 물에 빠지면 지푸라기라도 잡는다.
- □ 50. 미꾸라지 한 마리가 온 웅덩이를 흐려 놓는다.

[재미있는 속담 퀴즈]

ㅂ, ㅅ으로 시작하는 속담

- □ 51. 바늘구멍으로 황소바람 들어온다.
- □ 52. 바늘로 찔러도 피 한 방울 안 난다.
- □ 53. 바늘방석에 앉은 것 같다.
- □ 54. 바다는 메워도 사람의 욕심은 못 채운다.
- □ 55. 백 번 듣는 것이 한 번 보는 것만 못하다.
- □ 56. 뱁새가 황새를 따라가면 다리가 찢어진다.
- □ 57. 범 무서워 산으로 못 가랴.
- □ 58. 벙어리 냉가슴 앓듯
- □ 59. 벼룩의 간을 내어 먹는다.
- □ 60. 부뚜막의 소금도 집어넣어야 짜다.
- □ 61. 비 온 뒤에 땅이 굳어진다.
- □ 62. 빈 수레가 요란하다.
- □ 63. 빈대 잡으려고 초가삼간 태운다.
- □ 64. 빛 좋은 개살구
- □ 65. 사냥 가는 데 총 놓고 간다.
- □ 66. 사돈 남 나무란다.
- □ 67. 사람은 얼굴보다 마음이 고와야 한다.
- □ 68. 사촌이 땅을 사면 배가 아프다.
- □ 69. 소문난 잔치에 먹을 것 없다.
- □ 70. 쇠뿔도 단김에 빼랬다.
- □ 71. 숭어가 뛰니까 망둥이도 뛴다.
- □ 72. 숯이 검정 나무란다.
- □ 73. 시작이 반이다.
- □ 74. 싼 것이 비지떡

[재미있는 속담 퀴즈]

ㅇ, ㅈ으로 시작하는 속담

- □ 75. 아는 길도 물어 가랬다.
- □ 76. 아닌 밤중에 홍두깨
- □ 77. 아이 보는 데는 찬물도 못 먹는다.
- □ 78. 앓던 이 빠진 것 같다.
- □ 79. 약방에 감초
- □ 80. 엎어지면 코 닿을 데
- □ 81. 엎어진 김에 쉬어 간다.
- □ 82. 열 길 물속은 알아도 한 길 사람의 속은 모른다.
- □ 83. 우물에 가 숭늉 찾는다.
- □ 84. 울며 겨자 먹기
- □ 85. 원님 덕에 나팔 분다.
- □ 86. 입에 쓴 약이 병에는 좋다.
- □ 87. 입이 열 개라도 할 말이 없다.
- □ 88. 젊어서 고생은 사서도 한다.
- □ 89. 제 꾀에 제가 넘어간다.
- □ 90. 지성이면 감천

[재미있는 속담 퀴즈]

ㅊ, ㅋ, ㅌ, ㅍ, ㅎ으로 시작하는 속담

- □ 91. 첫술에 배부르랴.
- □ 92. 친구 따라 강남 간다.
- □ 93. 칼로 물 베기
- □ 94. 콩을 팥이라 해도 곧이듣는다.
- □ 95. 털어서 먼지 안 나는 사람 없다.
- □ 96. 핑계 없는 무덤이 없다.
- □ 97. 호랑이에게 물려 가도 정신만 차리면 산다.
- □ 98. 호박이 넝쿨째로 굴러떨어졌다.
- □ 99. 혹 떼러 갔다 혹 붙여 온다.
- □ 100. 황소 뒷걸음치다가 쥐 잡는다.

[재미있는 속담 퀴즈]

머리말

바른 글씨체와 어휘력을 키워 주는 <하루 10분 속담 따라쓰기>

바른 글씨체 연습으로 예쁜 글씨를 만들어 줍니다.

한글을 익히는 연령이 점점 낮아지면서 글자를 익히는 데만 집중하다 보니 바른 글씨체를 갖는 것에 소홀히 하는 경우가 많습니다. 하지만 한 번 익힌 글씨체는 쉽게 고쳐지지 않으며, 어릴 때 글씨체를 바로잡지 않으면 자라서도 글씨체를 고치기가 힘이 듭니다. 또 사람들 앞에서 글씨 쓰는 것을 부끄러워하거나 악필이라는 핸디캡을 갖기도 합니다.

처음부터 바르게 익힌 예쁜 글씨체는 평생 훌륭한 자산이 됩니다. 〈하루 10분 속담 따라쓰기-2단계〉는 어린이들에게 따라쓰기를 하며 자연스럽게 바르고 예쁜 글씨체를 익히도록 도와줍니다.

'쓰기'는 초등 학습의 기본이 되는 교육 중 하나입니다.

초등학교에 입학하면 읽기, 쓰기, 말하기는 가장 기본적인 학습입니다. 자신의 생각을 바르게 전하기 위해서 바른 글씨체를 익히는 것은 필수입니다. 또한 글씨를 잘 쓰면 어릴 때나 어른이 되어서도 주변 사람들의 관심을 받게 되고, 자신감도 갖게 됩니다. 뿐만 아니라 글씨를 한 자 한 자 바르게 따라 쓰다 보면 산만한 마음을 가라앉게 해 주며, 집중력도 함께 길러져 학습에 필요한 기본기를 탄탄하게 다져 줍니다.

대표적인 속담 100개를 따라 쓰며 익힐 수 있습니다.

〈하루 10분 속담 따라쓰기-2단계〉는 속담을 따라 쓰며 바른 글씨체를 익히도록 구성했습니다. 1단계에 이어 초등학생이 알아야 할 대표적인 속담 100개를 선별하여 실었으며, 속담 뜻풀이와 생활 속에서 속담이 어떻게 쓰이는지 정리해 두었습니다.
짧은 속담에는 놀라운 힘이 숨어 있습니다. 예로부터 사람들 사이에서 전해 내려오는 속담은 조상들의 지혜와 교훈이 담겨 있습니다. 그래서 속담을 되새기면 생활의 지혜를 얻을 수 있습니다. 속담을 대화 속에 넣어 말하거나 글을 쓰면 훨씬 쉽게 의미를 전달할 수 있고, 어휘력도 쑥쑥 자라납니다.

꾸준히 따라쓰기를 할 수 있도록 격려해 주세요.

따라쓰기는 처음부터 욕심을 내어 하루에 여러 장을 쓰지 않도록 합니다. 한 번에 많이 쓰는 것보다 매일 꾸준히 쓰는 연습을 하는 것이 바른 글씨체와 속담을 익히는 데 더욱 효과적입니다.
'칭찬은 고래도 춤추게 한다.'는 말이 있습니다. 부모의 말 한마디에 아이는 자신감을 가지고 꾸준히 학습할 수 있는 용기를 얻습니다. 작은 변화에도 관심을 가져 주고 아낌없이 칭찬해 주어야 합니다.

01 가랑잎이 솔잎더러 바스락거린다고 한다.

가랑잎을 밟으면 솔잎보다 더 바스락거리는 소리가 나요.
자신의 결점이 큰 줄은 모르고 남의 작은 결점을 탓한다는 뜻이에요.

단어 뜻 **가랑잎 :** 잎이 넓은 활엽수의 마른 잎을 말해요.

바르게 따라 써 보세요.

가	랑	잎	이		솔	잎	더	러		바
가	랑	잎	이		솔	잎	더	러		바
스	락	거	린	다	고		한	다	.	
스	락	거	린	다	고		한	다	.	

아래 칸에 맞춰 써 보세요.

가랑잎이 솔잎더러 바스락거린다고 한다.

이럴 때 이렇게!

· 자기가 떠드는 소리는 생각도 안 하고 옆 사람 책 넘기는 소리를 시끄럽다고 하다니, 가랑잎이 솔잎더러 바스락거린다고 하는군!

02 가뭄에 콩 나듯 한다.

가뭄에는 콩이 제대로 싹을 틔우지 못해 드문드문 난다는 뜻으로,
어떤 일이나 물건이 적음을 비유하는 말이에요.

단어 뜻 **가뭄 :** 오랫동안 비가 내리지 않아 메마른 날씨를 말해요.

바르게 따라 써 보세요.

가	뭄	에		콩		나	듯		한	다.
가	뭄	에		콩		나	듯		한	다.

아래 칸에 맞춰 써 보세요.

가뭄에 콩 나듯 한다.

이럴 때 이렇게!

- 멀리 떠난 삼촌은 가뭄에 콩 나듯 소식을 전해 왔다.
- 목욕이라고는 가뭄에 콩 나듯 하는 사람이야.

03 간에 붙었다 쓸개에 붙었다 한다.

자신의 이익만 따져서 이 사람한테 붙었다 저 사람한테 붙었다 하면서
자신의 필요에 따라 아첨하는 사람을 일컫는 말이에요.

같은 속담 간에 가 붙고 쓸개에 가 붙는다.

바르게 따라 써 보세요.

간	에		붙	었	다		쓸	개	에	
간	에		붙	었	다		쓸	개	에	
붙	었	다		한	다	.				
붙	었	다		한	다	.				

아래 칸에 맞춰 써 보세요.

간에 붙었다 쓸개에 붙었다 한다.

이럴 때 이렇게!

- 줏대 없이 간에 붙었다 쓸개에 붙었다 하다가는 화를 당하고 만다.
- 간에 붙었다 쓸개에 붙었다, 너 도대체 누구 편이니?

04 갈수록 태산이다.

갈수록 더욱 높고 큰 산이 나타난다는 말로,
어려운 일에 처했는데 점점 더 어려운 일이 생긴다는 뜻이에요.

단어 뜻 **태산 :** 중국에 있는 높고 큰 산의 이름이에요.

바르게 따라 써 보세요.

갈	수	록		태	산	이	다	.		
갈	수	록		태	산	이	다	.		

아래 칸에 맞춰 써 보세요.

갈수록 태산이다.

이럴 때 이렇게!

- 학교에 늦었는데 버스까지 놓치다니 갈수록 태산이로군!
- 갈수록 태산이라더니 연필심이 부러졌는데 샤프까지 고장 나 버렸다.

05 감나무 밑에 누워서 홍시 떨어지기를 기다린다.

홍시가 떨어지면 먹으려고 감나무 밑에 누워 있는 것처럼
열심히 노력하지 않고 좋은 결과만 바란다는 뜻이에요.

단어 뜻 **홍시 :** 물렁하게 잘 익는 감을 말하며, '연시'라고도 해요.

바르게 따라 써 보세요.

감	나	무		밑	에		누	워	서	
감	나	무		밑	에		누	워	서	
홍	시		떨	어	지	기	를		기	다
홍	시		떨	어	지	기	를		기	다
린	다	.								
린	다	.								

아래 칸에 맞춰 써 보세요.

감나무 밑에 누워서 홍시 떨어지기를 기다린다.

이럴 때 이렇게!

· 아무 노력도 하지 않고 남 탓만 하고 있으니,
감나무 밑에 누워서 홍시 떨어지기를 기다리는 꼴이야.

06

개구리 올챙이 적 생각 못한다.

개구리가 된 후에 올챙이 시절을 생각하지 못한다는 말로,
부자가 되거나 형편이 나아진 후에 어렵게 지냈던 지난날을 생각하지 못하고
처음부터 잘난 듯이 으스댄다는 뜻이에요.

바르게 따라 써 보세요.

개	구	리		올	챙	이		적		생
개	구	리		올	챙	이		적		생
각		못	한	다	.					
각		못	한	다	.					

아래 칸에 맞춰 써 보세요.

개구리 올챙이 적 생각 못한다.

이럴 때 이렇게!

- 개구리 올챙이 적 생각 못한다고 부자가 되더니 가난한 사람을 무시하는군.
- 성적 좀 올랐다고 잘난 척하는 걸 보니 개구리 올챙이 적 생각 못하나 봐!

07 개똥도 약에 쓰려면 없다.

흔하게 보이던 길가의 개똥도 찾으려 하면 안 보인다는 말로,
평소에 흔하던 것도 막상 필요해서 찾으면 구하기 어렵다는 뜻이에요.

비슷한 속담 쇠똥도 약에 쓰려면 없다.

바르게 따라 써 보세요.

개 똥 도 약 에 쓰 려 면

개 똥 도 약 에 쓰 려 면

없 다 .

없 다 .

아래 칸에 맞춰 써 보세요.

개똥도 약에 쓰려면 없다.

이럴 때 이렇게!

- 개똥도 약에 쓰려면 없다더니 그 많던 연필이 모두 어디로 갔지?
- 개똥도 약에 쓰려면 없다더니 나무젓가락을 못 찾아 라면을 먹지 못했어.

08 개밥에 도토리

개는 도토리를 먹지 않기 때문에 개밥에 도토리가 들어가 있어도 먹지 않고 남기지요. 여럿 가운데 따돌림을 받거나 외톨이가 된 사람을 비유하는 말이에요.

바르게 따라 써 보세요.

개 밥 에 도 토 리

개 밥 에 도 토 리

아래 칸에 맞춰 써 보세요.

개밥에 도토리

이럴 때 이렇게!

- 이 집에서는 내 신세가 개밥에 도토리야.
- 아무 팀에도 끼지 못해 개밥에 도토리 신세가 되었다.

09 개천에서 용 난다.

얕은 개천에서 깊은 물에 사는 용이 나왔다는 뜻으로,
넉넉하지 못한 집안에서 훌륭한 인물이 나왔을 때 쓰는 말이에요.

단어 뜻 **개천 :** 더러운 물이 흘러나가는 도랑을 말해요.

바르게 따라 써 보세요.

개	천	에	서		용		난	다	.	
개	천	에	서		용		난	다	.	

아래 칸에 맞춰 써 보세요.

개천에서 용 난다.

이럴 때 이렇게!

- 이런 시골에서 판사가 나오다니 개천에서 용 났구나!
- 개천에서 용 난다더니 그는 어려운 환경에서도 열심히 노력해 꿈을 이루었다.

10 거미도 줄을 쳐야 벌레를 잡는다.

거미가 벌레를 잡으려면 거미줄을 치듯이
어떤 일이든 준비가 있어야 결과를 얻을 수 있다는 말이에요.

바르게 따라 써 보세요.

거 미 도 줄 을 쳐 야 벌

거 미 도 줄 을 쳐 야 벌

레 를 잡 는 다 .

레 를 잡 는 다 .

아래 칸에 맞춰 써 보세요.

거미도 줄을 쳐야 벌레를 잡는다.

이럴 때 이렇게!

- 거미도 줄을 쳐야 벌레를 잡듯이 좋은 결과를 얻으려면 매일 노력해야 해.
- 합격하려면 시험공부 좀 해라. 거미도 줄을 쳐야 벌레를 잡는다잖니!

11 걷기도 전에 뛰려고 한다.

아직 걷지도 못하는 아이가 뛰려고 한다는 말로,
쉽고 작은 일도 하지 못하면서 무리하게 큰일을 하려 든다는 뜻이에요.

비슷한 속담 기기도 전에 날기부터 하려 한다.

바르게 따라 써 보세요.

걷	기	도		전	에		뛰	려	고
걷	기	도		전	에		뛰	려	고
한	다	.							
한	다	.							

아래 칸에 맞춰 써 보세요.

걷기도 전에 뛰려고 한다.

이럴 때 이렇게!

- 구구단도 외우지 못하고 곱셈을 하려고 하다니 걷기도 전에 뛰려고 하는구나.
- 걷기도 전에 뛰려고 한다는 말처럼 맡은 일도 잘 못하면서 더 어려운 일을 달라고 하다니!

12 겉 다르고 속 다르다.

겉과 속이 같지 않다는 뜻으로, 마음속으로는 좋지 않다고 생각하면서 겉으로는 좋은 듯이 행동한다는 말이에요.

바르게 따라 써 보세요.

겉		다	르	고		속		다	르	다.
겉		다	르	고		속		다	르	다.

아래 칸에 맞춰 써 보세요.

겉 다르고 속 다르다.

이럴 때 이렇게!

- 친절하던 아저씨가 도둑이었다니 정말 겉 다르고 속 다른 사람이야.
- 가끔 겉 다르고 속 다른 사람들이 있으니 조심해야 한다.

13 고생 끝에 낙이 온다.

어렵고 힘든 일이 있은 뒤에는 좋은 일이 생긴다는 말로,
어려운 일이 있더라도 참고 견디면 좋은 일이 찾아온다는 뜻이에요.

비슷한 속담 태산을 넘으면 평지를 본다.

바르게 따라 써 보세요.

고 생 끝 에 낙 이 온 다.

고 생 끝 에 낙 이 온 다.

아래 칸에 맞춰 써 보세요.

고생 끝에 낙이 온다.

이럴 때 이렇게!

- 고생 끝에 낙이 온다니까 좀 더 참고 노력해 봐.
- 고생 끝에 낙이 온다더니 우리 형이 드디어 고시에 합격했어요!

14 고양이 목에 방울 달기

고양이 목에 방울을 달면 방울 소리를 듣고 쥐가 피할 수 있을 거예요.
하지만 무서운 고양이에게 방울을 달 수 있는 쥐는 없듯이
실행하지 못할 일을 헛되이 의논한다는 뜻이에요.

바르게 따라 써 보세요.

고	양	이		목	에		방	울		달
고	양	이		목	에		방	울		달
기										
기										

아래 칸에 맞춰 써 보세요.

고양이 목에 방울 달기

이럴 때 이렇게!

- 누가 이 밤에 무덤가를 뒤져보겠어? 고양이 목에 방울 달기군.
- 그 방법이 가장 좋을 것 같지만, 누가 고양이 목에 방울을 달려고 할까?

15 구더기 무서워 장 못 담글까.

구더기가 생길까 무서워서 장을 못 담그지 않듯이
약간의 방해가 되는 일이 있더라도 할 일은 해야 한다는 뜻이에요.

단어 뜻 **구더기 :** 파리의 애벌레를 말해요.

바르게 따라 써 보세요.

구	더	기		무	서	워		장		못
구	더	기		무	서	워		장		못
담	글	까	.							
담	글	까	.							

아래 칸에 맞춰 써 보세요.

구더기 무서워 장 못 담글까.

이럴 때 이렇게!

- 비행기가 떨어질까 봐 못 타겠다니 구더기 무서워 장 못 담그는 격이야.
- 구더기 무서워 장 못 담근다더니 잘못될까 봐 시작조차 안 하는 거야?

16 귀한 자식 매 한 대 더 때린다.

자식을 귀하게 여길수록 좋게만 위해 줄 것이 아니라
매로 때려서라도 엄하게 버릇을 잘 가르쳐야 한다는 말이에요.

비슷한 속담 귀한 자식 매로 키워라.

바르게 따라 써 보세요.

귀	한		자	식		매		한		대 ∨
귀	한		자	식		매		한		대
더		때	린	다	.					
더		때	린	다	.					

아래 칸에 맞춰 써 보세요.

귀한 자식 매 한 대 더 때린다.

이럴 때 이렇게!

- 귀한 자식 매 한 대 더 때린댔어. 엄마가 혼내신 것을 너무 섭섭하게 생각하지 마.
- 귀한 자식 매 한 대 더 때린다는 속담처럼 그는 아들을 엄하게 가르쳤다.

17 급히 먹는 밥이 목이 멘다.

밥을 급하게 먹으면 목이 메기 마련이에요.
일을 할 때도 너무 급하게 서둘면 실패하기 쉽다는 말이에요.

바르게 따라 써 보세요.

급히 먹는 밥이 목이 ∨
급히 먹는 밥이 목이

멘다.
멘다.

아래 칸에 맞춰 써 보세요.

급히 먹는 밥이 목이 멘다.

이럴 때 이렇게!

- 급히 먹는 밥이 목이 멘다고 아무리 급해도 차근차근 일을 처리해야 한다.
- 급히 먹는 밥이 목이 메기 마련이듯, 서둘러 내세운 약속은 결국 지켜지지 않았다.

18 길고 짧은 것은 대어 보아야 안다.

어느 것이 길고 짧은지 눈짐작으로 가늠하기보다는 크고 작고, 이기고 지고, 잘하고 못하는 것은 실제 겨루어 보거나 비교해 봐야 알 수 있다는 말이에요.

비슷한 속담 길든 짧든 대보아야 한다.

바르게 따라 써 보세요.

길고 짧은 것은 대어 ∨

길고 짧은 것은 대어

보아야 안다.

보아야 안다.

아래 칸에 맞춰 써 보세요.

길고 짧은 것은 대어 보아야 안다.

이럴 때 이렇게!

- 나는 이긴 것처럼 으스대는 현석이에게 길고 짧은 것은 대어 보아야 안다고 으름장을 놓았다.
- 길고 짧은 것은 대어 보아야 안다고 꼴등할 것이라고 예상했던 경주마가 당당히 일등을 했다.

19 꾸어다 놓은 보릿자루

꾸어 온 보릿자루를 방 한쪽 구석에 놓는다는 말에서 유래했어요.
여럿이 이야기를 하는데 잘 어울리지 못하고 말없이 앉아 있는 사람을 놀리는 말이에요.

바르게 따라 써 보세요.

꾸	어	다		놓	은		보	릿	자	루
꾸	어	다		놓	은		보	릿	자	루

아래 칸에 맞춰 써 보세요.

꾸어다 놓은 보릿자루

이럴 때 이렇게!

- 다들 서로 인사하며 안부를 묻는데 나 혼자만 꾸어다 놓은 보릿자루처럼 가만히 앉아 있었다.
- 꾸어다 놓은 보릿자루처럼 왜 아무 말 없이 서 있는 거니?

20 꿀 먹은 벙어리

꿀을 먹은 벙어리는 그 맛을 말하고 싶어도 말을 할 수 없어요.
이처럼 마음속 생각을 나타내지 못하는 사람을 가리켜 하는 말이에요.

바르게 따라 써 보세요.

꿀		먹	은		벙	어	리			
꿀		먹	은		벙	어	리			

아래 칸에 맞춰 써 보세요.

꿀 먹은 벙어리

이럴 때 이렇게!

- 누가 꿀병을 깼느냐고 묻자 학생들은 모두 꿀 먹은 벙어리가 되었다.
- 동생이 꿀 먹은 벙어리처럼 말이 없자 엄마는 무척 답답해하셨다.

21 꿩 대신 닭

꿩이 필요했는데 없을 때는 닭으로 대신한다는 말로,
꼭 필요한 것이 없으면 비슷한 것으로 대신한다는 뜻이에요.

비슷한 속담 봉 아니면 꿩이다.

바르게 따라 써 보세요.

꿩 대신 닭

꿩 대신 닭

아래 칸에 맞춰 써 보세요.

꿩 대신 닭

이럴 때 이렇게!

- 짜장면이 먹고 싶었지만 중국집이 문을 닫아서 꿩 대신 닭이라고 짜장 라면을 끓여 먹었다.
- 친구가 공원에 함께 못 간다고 해서 꿩 대신 닭이라는 심정으로 강아지를 데리고 갔다.

22 낙숫물이 댓돌을 뚫는다.

낙숫물도 오랫동안 떨어지면 댓돌을 뚫을 수 있듯이
작은 힘으로 꾸준히 노력하면 큰일을 해낼 수 있다는 뜻이에요.

단어 뜻 **낙숫물 :** 처마 끝에서 떨어지는 물이에요. **댓돌 :** 집의 낙숫물이 떨어지는 곳에 놓은 돌을 말해요.

바르게 따라 써 보세요.

낙 숫 물 이 댓 돌 을 뚫 는

낙 숫 물 이 댓 돌 을 뚫 는

다 .

다 .

아래 칸에 맞춰 써 보세요.

낙숫물이 댓돌을 뚫는다.

이럴 때 이렇게!

· 낙숫물이 댓돌을 뚫는다더니 음치였던 네가 매일 열심히 연습하더니
결국 오디션에 합격을 했구나!

23 냉수 먹고 이 쑤시기

냉수를 먹고서 고기를 먹은 것처럼 이쑤시개로 이를 쑤신다는 말로
실속 없이 겉으로만 있는 체하는 사람을 일컫는 말이에요.

바르게 따라 써 보세요.

냉	수		먹	고		이		쑤	시	기
냉	수		먹	고		이		쑤	시	기

아래 칸에 맞춰 써 보세요.

냉수 먹고 이 쑤시기

이럴 때 이렇게!

· 재윤이가 딱지를 모두 잃고도 아직 많이 남은 것처럼 거들먹거리자, 친구들은 '냉수 먹고 이 쑤시느냐?' 며 핀잔을 주었다.

24 누울 자리 봐 가며 발을 뻗어라.

어떤 일을 할 때 그 결과가 어떻게 될 것인지 예측하고 일을 시작하라는 뜻이에요.
즉, 시간과 장소를 가려서 행동하라는 말이에요.

같은 속담 발 뻗을 자리를 보고 누우랬다.

바르게 따라 써 보세요.

누	울		자	리		봐		가	며	
누	울		자	리		봐		가	며	
발	을		뻗	어	라	.				
발	을		뻗	어	라	.				

아래 칸에 맞춰 써 보세요.

누울 자리 봐 가며 발을 뻗어라.

이럴 때 이렇게!

- 그는 아무리 부탁해도 들어줄 사람이 아니라네. 누울 자리 봐 가며 발을 뻗어야지.
- 누울 자리 봐 가며 발을 뻗으랬다고 친구를 두둔하다가 나까지 혼나게 생겼다.

25 누워서 침 뱉기

누워서 침을 뱉으면 결국 침이 자기 얼굴로 떨어지게 돼요.
이처럼 남에게 해를 끼치려다가 오히려 자기가 해를 입게 된다는 뜻이에요.

같은 속담 자기 얼굴에 침 뱉기

바르게 따라 써 보세요.

누	워	서		침		뱉	기			
누	워	서		침		뱉	기			

아래 칸에 맞춰 써 보세요.

누워서 침 뱉기

이럴 때 이렇게!

- 뒤에서 자기와 제일 친한 친구를 욕하고 다니는 건 누워서 침 뱉기지.
- 남들에게 가족의 흉을 보는 것은 누워서 침 뱉기이다.

26

누이 좋고 매부 좋다.

여동생도 좋고 여동생의 남편도 좋다는 말로,
어떤 일이 서로에게 모두 좋을 때 쓰는 말이에요.

단어 뜻 **누이 :** 여동생을 일컫는 말이에요. **매부 :** 여동생의 남편을 말해요.

바르게 따라 써 보세요.

누	이		좋	고		매	부		좋	다.
누	이		좋	고		매	부		좋	다.

아래 칸에 맞춰 써 보세요.

누이 좋고 매부 좋다.

이럴 때 이렇게!

- 너는 내 청소를 돕고 나는 네 숙제를 도울게. 누이 좋고 매부 좋은 일이야.
- 윗동네와 아랫동네를 연결하는 다리가 놓인대. 누이 좋고 매부 좋은 일이구나!

27 눈 가리고 아웅 한다.

얕은꾀로 남을 속이려고 하거나, 나쁜 행동의 일부분만 가리고서 전부를 감추었다고 생각하는 것을 빗대는 말이에요.

비슷한 속담 가랑잎으로 눈 가리고 아웅 한다.

바르게 따라 써 보세요.

눈		가	리	고		아	웅		한	다.
눈		가	리	고		아	웅		한	다.

아래 칸에 맞춰 써 보세요.

눈 가리고 아웅 한다.

이럴 때 이렇게!

- 자신을 잘못을 덮으려고 거짓말을 하다니 눈 가리고 아웅 한다.
- 서둘러 해결하기 위해 눈 가리고 아웅 하는 모습이 안쓰러워 보였다.

28 눈에 콩깍지가 씌었다.

눈에 콩 껍질이 씌어 앞을 제대로 볼 수 없다는 말로,
앞이 가리어 사물을 정확히 보지 못한다는 뜻이에요.
한눈에 상대방에게 반해 무조건 좋아하게 되었을 때 흔히 쓰여요.

바르게 따라 써 보세요.

눈	에		콩	깍	지	가		씌	었	다	.
눈	에		콩	깍	지	가		씌	었	다	.

아래 칸에 맞춰 써 보세요.

눈에 콩깍지가 씌었다.

이럴 때 이렇게!

- 불량품을 비싼 값을 주고 사다니 눈에 콩깍지가 씌었나 보다.
- 눈에 콩깍지가 씌었는지 그 아이가 하는 행동은 모두 예뻐 보인다.

29 눈을 떠도 코 베어 간다.

눈을 뜨고 있는데도 코를 베어 갈 만큼
인심이 나쁘고 무서운 세상이라는 뜻이에요.

같은 속담 눈 뜨고 코 베어 갈 세상

바르게 따라 써 보세요.

눈	을		떠	도		코		베	어	
눈	을		떠	도		코		베	어	
간	다	.								
간	다	.								

아래 칸에 맞춰 써 보세요.

눈을 떠도 코 베어 간다.

이럴 때 이렇게!

- 낯선 곳에서는 정신을 바짝 차려야 해요. 눈을 떠도 코 베어 간다잖아요.
- 도시가 얼마나 위험한 곳인지 알아? 눈을 떠도 코 베어 가는 곳이라고.

30 늦게 배운 도둑이 날 새는 줄 모른다.

늦게 배운 도둑질을 날 새는 줄 모르고 한다는 말로,
남들보다 늦게 시작한 일에 더 열중하게 된다는 뜻이에요.

같은 속담 늦게 시작한 도둑이 새벽 다 가는 줄 모른다.

바르게 따라 써 보세요.

늦	게		배	운		도	둑	이		날 ∨
늦	게		배	운		도	둑	이		날
새	는		줄		모	른	다	.		
새	는		줄		모	른	다	.		

아래 칸에 맞춰 써 보세요.

늦게 배운 도둑이 날 새는 줄 모른다.

이럴 때 이렇게!

· 늦게 배운 도둑이 날 새는 줄 모른다더니
할머니는 사교댄스를 배운 후 밤낮으로 춤 연습을 하신다.

재미있는 속담 퀴즈

1 다음 속담의 빈칸에 들어갈 말을 써 보세요.

1) 가뭄에 ☐ 나듯 한다.

2) 간에 붙었다 ☐☐에 붙었다 한다.

3) ☐☐도 약에 쓰려면 없다.

4) 개천에서 ☐ 난다.

5) 고생 끝에 ☐이 온다.

6) ☐☐☐ 무서워 장 못 담글까.

7) 꾸어다 놓은 ☐☐☐☐

8) 누이 좋고 ☐☐ 좋다.

9) 눈을 떠도 ☐ 베어 간다.

10) 늦게 배운 ☐☐이 날 새는 줄 모른다.

정답

1. 1) 콩 2) 쓸개 3) 개똥 4) 용 5) 낙 6) 구더기 7) 보릿자루 8) 매부
9) 코 10) 도둑

2 아래 단어가 들어가는 속담을 3가지 이상 쓰세요.

태산 가랑잎 거미 고양이 벙어리 꿩 올챙이

3 다음 상황에 어울리는 속담을 쓰세요.

지영 : 수연이가 이번 스타 오디션에 합격했대!

현수 : 정말? 그 오디션에 합격하기가 하늘의 별 따기라던데?

지영 : 가수가 되고 싶다고 항상 음악을 들으며
노래 연습을 하더니 정말 소원을 이루나 봐.

현수 : ________________ 고 하더니, 정말 대단하다!

정답

2. 가랑잎이 솔잎더러 바스락거린다고 한다. / 갈수록 태산이다. / 개구리 올챙이 적 생각 못한다. / 거미도 줄을 쳐야 벌레를 잡는다. / 고양이 목에 방울 달기 / 꿀 먹은 벙어리 / 꿩 대신 닭
3. 낙숫물이 댓돌을 뚫는다

31 다람쥐 쳇바퀴 돌듯 하다.

다람쥐가 쳇바퀴를 열심히 돌아도 그 자리이듯이, 나아지거나 발전하지 못하고 같은 일만 되풀이하고 제자리걸음만 한다는 뜻이에요.

비슷한 속담 개미 쳇바퀴 돌듯

바르게 따라 써 보세요.

다	람	쥐		쳇	바	퀴		돌	듯	
다	람	쥐		쳇	바	퀴		돌	듯	
하	다	.								
하	다	.								

아래 칸에 맞춰 써 보세요.

다람쥐 쳇바퀴 돌듯 하다.

이럴 때 이렇게!

- 다람쥐 쳇바퀴 돌듯 매일 반복되는 하루가 흘러간다.
- 회의는 다람쥐 쳇바퀴 돌듯 계속 제자리를 맴돌며 진전이 없었다.

32 달걀로 바위 치기

껍질이 얇은 달걀로 바위를 치면 당연히 달걀이 깨지고 말아요.
이처럼 보잘것없는 힘으로 맞서 보아도 도저히 이길 수 없다는 뜻이에요.

바르게 따라 써 보세요.

달	걀	로		바	위		치	기		
달	걀	로		바	위		치	기		

아래 칸에 맞춰 써 보세요.

달걀로 바위 치기

이럴 때 이렇게!

- 이 감옥에서 탈출하는 것은 달걀로 바위 치기라고!
- 달걀로 바위 치기라고 생각했던 대회에서 당당히 우승을 하였다.

33 달도 차면 기운다.

달은 둥근 보름달이 되고 나면 조금씩 기울게 되는 것처럼
일이 번창하게 되면 다시 전보다 힘을 잃거나 줄어든다는 말이에요.

비슷한 속담 그릇도 차면 넘친다.

바르게 따라 써 보세요.

달	도		차	면		기	운	다	.	
달	도		차	면		기	운	다	.	

아래 칸에 맞춰 써 보세요.

달도 차면 기운다.

이럴 때 이렇게!

- 모든 일이 잘 풀릴 때 오히려 조심해야 해. 달도 차면 기운다고 하잖니.
- 달도 차면 기운다고 인생은 오르막길이 있으면 내리막길도 있는 법이다.

34 달면 삼키고 쓰면 뱉는다.

맛있으면 삼키고 맛이 없으면 뱉는다는 말로,
옳고 그름이나 신뢰를 생각하지 않고 자신에게 이로울 때는 가깝게 지내고
그렇지 않을 때는 버린다는 말이에요.

바르게 따라 써 보세요.

달	면		삼	키	고		쓰	면		뱉
달	면		삼	키	고		쓰	면		뱉
는	다	.								
는	다	.								

아래 칸에 맞춰 써 보세요.

달면 삼키고 쓰면 뱉는다.

이럴 때 이렇게!

· 달면 삼키고 쓰면 뱉는다더니 부자일 때는 주변에 사람들이 그렇게 많았는데 가세가 기울고 나니 주변에 개미 새끼 한 마리도 안 보이는구나.

35 닭 소 보듯, 소 닭 보듯

닭과 소는 옆에 있어서 싸우지 않고 서로를 별로 상관하지 않아요.
이처럼 서로 무관심한 사이를 가리킬 때 쓰는 말이에요.

바르게 따라 써 보세요.

닭		소		보	듯	,	소		닭	
닭		소		보	듯	,	소		닭	
보	듯									
보	듯									

아래 칸에 맞춰 써 보세요.

닭 소 보듯, 소 닭 보듯

이럴 때 이렇게!

· 크게 싸운 후 유현이와 승우는 서로 닭 소 보듯, 소 닭 보듯 한다.

· 우리는 서로 닭 소 보듯, 소 닭 보듯 하는 사이랍니다.

36 되로 주고 말로 받는다.

줄 때는 '되'로 주고, 받을 때는 되의 10배인 '말'로 받는다는 말이에요.
즉, 조금 주고서 받을 때는 많이 받는 것을 뜻해요.

단어 뜻 **되, 말 :** 곡식 등의 양을 잴 때 쓰는 단위로 '되'는 약 1.8리터이고, '말'은 약 18리터에 해당해요.

바르게 따라 써 보세요.

되	로		주	고		말	로		받	는
되	로		주	고		말	로		받	는
다	.									
다	.									

아래 칸에 맞춰 써 보세요.

되로 주고 말로 받는다.

이럴 때 이렇게!

- 핀잔 한번 했다가 잔뜩 욕을 듣다니 되로 주고 말로 받았군.
- 되로 주고 말로 받는다고 함부로 쓰레기를 버렸다가 교실 청소를 도맡게 되었다.

37 떡 줄 사람은 꿈도 안 꾸는데 김칫국부터 마신다.

떡을 가진 사람은 줄 생각이 없는데 떡을 먹고 나서 마시는 김칫국부터 먹는다는 말이에요.
상대방은 줄 생각이 없는데 다 된 것처럼 여기고 미리 기대한다는 뜻이에요.

같은 속담 김칫국부터 마신다.

바르게 따라 써 보세요.

떡		줄		사	람	은		꿈	도	
떡		줄		사	람	은		꿈	도	
안		꾸	는	데		김	칫	국	부	터
안		꾸	는	데		김	칫	국	부	터
마	신	다	.							
마	신	다	.							

아래 칸에 맞춰 써 보세요.

떡 줄 사람은 꿈도 안 꾸는데 김칫국부터 마신다.

이럴 때 이렇게!

· 떡 줄 사람은 꿈도 안 꾸는데 김칫국부터 마신다더니
이번 학생회장 선거에 출마한 재형이는 아무런 의심 없이 내가 자신을 뽑을 거라고 생각한다.

38 똥 묻은 개가 겨 묻은 개 나무란다.

더러운 똥을 묻힌 개가 곡식 껍질이 붙어 있는 개한테 지저분하다고 흉을 봐요.
즉, 자신의 큰 결점은 보지 못하고 남의 작은 결점을 흉본다는 뜻이에요.

단어 뜻 **겨 :** 곡식을 찧어 벗겨 낸 껍질을 말해요.

바르게 따라 써 보세요.

똥		묻	은		개	가		겨		묻
똥		묻	은		개	가		겨		묻
은		개		나	무	란	다	.		
은		개		나	무	란	다	.		

아래 칸에 맞춰 써 보세요.

똥 묻은 개가 겨 묻은 개 나무란다.

이럴 때 이렇게!

- 똥 묻은 개가 겨 묻은 개 나무란다더니 반에서 꼴등하는 친구가 내 성적이 떨어졌다며 놀려댔다.
- 똥 묻은 개가 겨 묻은 개 나무란다고 남의 흉만 보는 사람들이 있다.

39 뛰는 놈 위에 나는 놈 있다.

'뛰는 사람'이 가장 잘난 것 같지만 알고 보면 더 잘난 '나는 사람'도 있다는 말이에요. 아무리 잘난 사람도 더 뛰어난 사람이 있으니 섣부르게 뽐내지 말라는 뜻이에요.

같은 속담 기는 놈 위에 나는 놈이 있다.

바르게 따라 써 보세요.

뛰	는		놈		위	에		나	는	
뛰	는		놈		위	에		나	는	
놈		있	다	.						
놈		있	다	.						

아래 칸에 맞춰 써 보세요.

뛰는 놈 위에 나는 놈 있다.

이럴 때 이렇게!

- 뛰는 놈 위에 나는 놈 있다더니 우리 언니보다 피아노를 더 잘 치는 사람이 나타날 줄 몰랐어.
- 뛰는 놈 위에 나는 놈 있다더니 아무리 뛰어난 경찰이라도 그 도둑을 잡지 못했다.

40 마른하늘 날벼락

맑은 하늘에 갑자기 벼락이 친다는 말로,
생각지 못한 사이에 갑자기 어려운 일이나 불행한 일을 만났다는 뜻이에요.

같은 속담 맑은 하늘에 벼락 맞겠다.

바르게 따라 써 보세요.

마	른	하	늘		날	벼	락			
마	른	하	늘		날	벼	락			

아래 칸에 맞춰 써 보세요.

마른하늘 날벼락

이럴 때 이렇게!

- 마른하늘 날벼락이라고 갑자기 들이닥친 홍수에 집이 물에 잠겨 버렸다.
- 그렇게 큰 배가 한순간에 침몰하다니! 마른하늘 날벼락이구나.

41 말 한마디에 천 냥 빚도 갚는다.

말만 잘하면 천 냥이나 되는 빚도 갚는다는 말로,
말을 설득력 있고 조리 있게 잘하면 어려운 일도 해결할 수 있다는 뜻이에요.

단어 뜻 **냥 :** 옛날에 돈을 세는 단위였어요.

바르게 따라 써 보세요.

말		한	마	디	에		천		냥	
말		한	마	디	에		천		냥	
빚	도		갚	는	다	.				
빚	도		갚	는	다	.				

아래 칸에 맞춰 써 보세요.

말 한마디에 천 냥 빚도 갚는다.

이럴 때 이렇게!

- 말 한마디에 천 냥 빚도 갚는다니까 친구에게 네 상황을 잘 이야기해 보는 게 어때?
- 투덜거리지 말고 예쁘게 말하면 얼마나 좋을까? 말 한마디에 천 냥 빚도 갚는다잖아.

42 말을 안 하면 귀신도 모른다.

자기 생각을 말하지 않으면 귀신도 속마음을 모르듯이
힘든 일이 있을 때는 애태우지 말고 속마음을 말하라는 뜻이에요.

바르게 따라 써 보세요.

말을 안 하면 귀신도 ∨
말을 안 하면 귀신도

모른다.
모른다.

아래 칸에 맞춰 써 보세요.

말을 안 하면 귀신도 모른다.

이럴 때 이렇게!

- 그러지 말고 그날 일을 사실대로 이야기를 해 봐. 말을 안 하면 귀신도 모른다잖아.
- 말을 안 하면 귀신도 모른다고 네 생각을 정확하게 이야기해 줘야 사람들이 오해하지 않는다.

43 말이 씨가 된다.

여기에서 '씨'는 씨앗이 아닌 일의 원인을 의미해요.
즉, 말로 하던 것이 어떤 일의 원인이 된다는 뜻으로,
항상 말하던 것이 사실대로 되었을 때 이르는 말이에요.

바르게 따라 써 보세요.

말 이   씨 가   된 다 .

말 이   씨 가   된 다 .

아래 칸에 맞춰 써 보세요.

말이 씨가 된다.

이럴 때 이렇게!

- 말이 씨가 된다고 입버릇처럼 변호사가 되겠다고 하더니 정말 꿈을 이루었습니다.
- 항상 말을 조심하고 신중히 해야 한단다. 말이 씨가 된다고 하잖니.

44 맞은 놈은 펴고 자고, 때린 놈은 오그리고 잔다.

맞은 사람은 다리를 펴고 자지만 때린 사람은 마음이 불안하여
오그리고 잔다는 말이에요. 즉, 맞은 사람은 불안하지 않지만
남을 괴롭힌 사람은 뒷일이 걱정되어 마음이 불안하다는 뜻이에요.

바르게 따라 써 보세요.

맞은 놈은 펴고 자고,
맞은 놈은 펴고 자고,
때린 놈은 오그리고
때린 놈은 오그리고
잔다.
잔다.

아래 칸에 맞춰 써 보세요.

맞은 놈은 펴고 자고, 때린 놈은 오그리고 잔다.

이럴 때 이렇게!

· 너를 괴롭힌 그 친구도 마음이 편하지 않을 거야.
맞은 놈은 펴고 자고, 때린 놈은 오그리고 잔다고 하잖니.

45 매도 먼저 맞는 놈이 낫다.

어차피 맞을 매라면 마음 졸이지 않고 얼른 맞는 게 낫듯이
어차피 겪어야 할 일이라면 어렵고 힘들어도 빨리 치르는 것이 낫다는 말이에요.

바르게 따라 써 보세요.

매	도		먼	저		맞	는		놈	이
매	도		먼	저		맞	는		놈	이
낫	다	.								
낫	다	.								

아래 칸에 맞춰 써 보세요.

매도 먼저 맞는 놈이 낫다.

이럴 때 이렇게!

- 매도 먼저 맞는 놈이 낫다고 항상 어려운 숙제를 먼저 꺼내 들었다.
- 매도 먼저 맞는 놈이 낫다고 언젠가 한 번은 겪어야 할 시련이라면 빨리 겪는 것이 낫다.

46 모래 위에 쌓은 성

모래 위에 성을 쌓으면 금세 허물어질 것처럼 위태로워요.
기초가 약하여 오래가지 못하고 곧 허물어질 수 있는 것을 일컫는 말이에요.

같은 속담 모래 위에 선 누각

바르게 따라 써 보세요.

모	래		위	에		쌓	은		성	
모	래		위	에		쌓	은		성	

아래 칸에 맞춰 써 보세요.

모래 위에 쌓은 성

이럴 때 이렇게!

- 꾸준히 할 수 있는 인내심이 없으면 언제 무너질지 모르는 모래 위에 쌓은 성과 같아.
- 안전은 무시하고 서둘러 건물만 지어 올리다니 마치 모래 위에 쌓은 성과 같군.

47 못된 송아지 엉덩이에 뿔이 난다.

머리에 나야 하는 뿔이 송아지의 엉덩이에 난다는 말로,
못된 사람이 비뚤어지고 좋지 못한 행동만 한다는 뜻이에요.

바르게 따라 써 보세요.

못	된		송	아	지		엉	덩	이	에 ∨
못	된		송	아	지		엉	덩	이	에
뿔	이		난	다	.					
뿔	이		난	다	.					

아래 칸에 맞춰 써 보세요.

못된 송아지 엉덩이에 뿔이 난다.

이럴 때 이렇게!

- 못된 송아지 엉덩이에 뿔이 난다더니 공부는 안 하면서 어찌 그리 못된 짓은 빨리 배우는 거니?

48 무소식이 희소식이다.

아무런 소식이 없는 것이 잘 지내고 있다는 소식과 같다는 말로,
소식이 없다면 무사히 잘 있는 것이니 기쁜 소식과 같다는 뜻이에요.

바르게 따라 써 보세요.

무	소	식	이		희	소	식	이	다	.
무	소	식	이		희	소	식	이	다	.

아래 칸에 맞춰 써 보세요.

무소식이 희소식이다.

이럴 때 이렇게!

- 내가 연락을 못하더라도 '무소식이 희소식이다'라고 생각하고 기다려 주세요.
- 무소식이 희소식이라고 했으니 별일 없을 거예요.

49 물에 빠지면 지푸라기라도 잡는다.

물에 빠진 사람은 허우적대다가 도움도 되지 않을 지푸라기라도 잡는다는 말이에요.
이 말은 위급한 일이 있으면 도움이 될 것 같지 않은 작은 것에도
의지하게 된다는 뜻이에요.

바르게 따라 써 보세요.

물	에		빠	지	면		지	푸	라	기
물	에		빠	지	면		지	푸	라	기
라	도		잡	는	다	.				
라	도		잡	는	다	.				

아래 칸에 맞춰 써 보세요.

물에 빠지면 지푸라기라도 잡는다.

이럴 때 이렇게!

- 물에 빠지면 지푸라기라도 잡는 심정으로 마지막으로 한 번 더 부탁했다.
- 상황이 급한데 무슨 짓은 못할까? 물에 빠지면 지푸라기라도 잡는다잖아!

50 미꾸라지 한 마리가 온 웅덩이를 흐려 놓는다.

미꾸라지 한 마리가 웅덩이를 돌아다니며 흙탕물을 일으켜 흐려 놓듯이 한 사람의 좋지 못한 행동이 가정과 사회에 나쁜 영향을 끼친다는 말이에요.

같은 속담 미꾸라지 한 마리가 한강 물을 다 흐리게 한다.

바르게 따라 써 보세요.

미	꾸	라	지		한		마	리	가	
미	꾸	라	지		한		마	리	가	
온		웅	덩	이	를		흐	려		놓
온		웅	덩	이	를		흐	려		놓
는	다	.								
는	다	.								

아래 칸에 맞춰 써 보세요.

미꾸라지 한 마리가 온 웅덩이를 흐려 놓는다.

이럴 때 이렇게!

- 미꾸라지 한 마리가 온 웅덩이를 흐려 놓는다더니 수업 시간에 떠드는 재민이 때문에 모두 수업에 집중할 수 없었다.

재미있는 속담 퀴즈

1 다음 속담의 빈칸에 들어갈 말을 써 보세요.

1) ☐ 소 보듯, 소 ☐ 보듯

2) ☐로 주고 말로 받는다.

3) 똥 묻은 개가 ☐ 묻은 개 나무란다.

4) 말을 안 하면 ☐☐도 모른다.

5) ☐도 먼저 맞는 놈이 낫다.

6) 못된 송아지 엉덩이에 ☐이 난다.

7) 뛰는 놈 위에 ☐☐ 놈 있다.

8) 마른하늘 ☐☐☐

9) 달면 삼키고 ☐☐ 뱉는다.

10) 떡 줄 사람은 꿈도 안 꾸는데

☐☐☐부터 마신다.

정답

1. 1) 닭 2) 되 3) 겨 4) 귀신 5) 매 6) 뿔 7) 나는 8) 날벼락
9) 쓰면 10) 김칫국

2 아래 단어가 들어가는 속담을 3가지 이상 쓰세요.

달걀　미꾸라지　달　다람쥐　희소식　지푸라기

---

3 다음 상황에 어울리는 속담을 쓰세요.

엄마 : 오늘 피아노 선생님이 사정이 있어 못 오신다는구나.

승우 : 그럼, 오늘은 학원 안 가도 돼요?

엄마 : 그래, 그런데 무슨 일이신지 모르겠구나.

승우 : 혹시 교통사고라도 나신 건 아니겠지요?

엄마 : 쉿, ____________________
그런 말은 함부로 하는 게 아니란다.

정 답

2. 달걀로 바위 치기 / 달도 차면 기운다. / 무소식이 희소식이다. / 물에 빠지면 지푸라기라도 잡는다. / 미꾸라지 한 마리가 온 웅덩이를 흐려 놓는다. / 다람쥐 쳇바퀴 돌듯 한다.

3. 말이 씨가 된다고 했어. / 말이 씨가 된단다.

51 바늘구멍으로 황소바람 들어온다.

추운 날에는 바늘로 뚫은 작은 구멍에서도 센 바람이 들어온다는 뜻으로,
작은 것도 상황에 따라서는 소홀히 하면 안 된다는 말이에요.

단어 뜻 **황소바람 :** 좁은 틈으로 세차게 불어 들어오는 바람을 말해요.

바르게 따라 써 보세요.

바	늘	구	멍	으	로		황	소	바	람
바	늘	구	멍	으	로		황	소	바	람
들	어	온	다	.						
들	어	온	다	.						

아래 칸에 맞춰 써 보세요.

바늘구멍으로 황소바람 들어온다.

이럴 때 이렇게!

- 바늘구멍으로 황소바람 들어온다더니 깨진 창문 틈으로 들어오는 바람이 매우 차갑다.
- 바늘구멍으로 황소바람 들어온다더니 처음에는 대수롭지 않았던 일이 큰 문제가 되어 버렸다.

52 바늘로 찔러도 피 한 방울 안 난다.

사람의 생김새가 단단하고 야무져 보일 때,
성격이 빈틈없고 인색할 때 비유적으로 쓰는 말이에요.

바르게 따라 써 보세요.

바	늘	로		찔	러	도		피		한 ∨
바	늘	로		찔	러	도		피		한
방	울		안		난	다	.			
방	울		안		난	다	.			

아래 칸에 맞춰 써 보세요.

바늘로 찔러도 피 한 방울 안 난다.

이럴 때 이렇게!

- 너는 정말 냉정하구나. 바늘로 찔러도 피 한 방울 안 나겠어!
- 가난한 사람에게 동전 한 푼 못 주는 그는 바늘로 찔러도 피 한 방울 안 나는 사람이다.

53 바늘방석에 앉은 것 같다.

바늘로 만든 방석에 앉아 있는 것처럼
어떤 자리에 있기가 몹시 마음에 불편하고 불안하다는 뜻이에요.

바르게 따라 써 보세요.

바	늘	방	석	에		앉	은		것	
바	늘	방	석	에		앉	은		것	
같	다	.								
같	다	.								

아래 칸에 맞춰 써 보세요.

바늘방석에 앉은 것 같다.

이럴 때 이렇게!

- 성적표가 언제 나오느냐는 아버지의 말씀에 바늘방석에 앉은 것처럼 안절부절못했다.
- 무서운 삼촌과 함께 식사를 하는 내내 민석이는 바늘방석에 앉은 것 같았다.

54 바다는 메워도 사람의 욕심은 못 채운다.

깊은 바다는 메울 수 있지만 보이지 않는 사람의 욕심은 메울 수 없다는 말로,
사람의 욕심은 끝이 없음을 이르는 말이에요.

비슷한 속담 되면 더 되고 싶다.

바르게 따라 써 보세요.

바	다	는		메	워	도		사	람	의
바	다	는		메	워	도		사	람	의

욕	심	은		못		채	운	다	.	
욕	심	은		못		채	운	다	.	

아래 칸에 맞춰 써 보세요.

바다는 메워도 사람의 욕심은 못 채운다.

이럴 때 이렇게!

· 바다는 메워도 사람의 욕심은 못 채운다고 갖고 싶었던 장난감을 얻자 이제는 새로 나온 다른 장난감이 갖고 싶어졌다.

55 백 번 듣는 것이 한 번 보는 것만 못하다.

백 번을 듣는 것보다 한 번을 직접 보는 것이 도움이 된다는 말로,
무엇이든 듣기만 하는 것보다 실제로 보는 것이 확실하다는 뜻이에요.

같은 속담 백문이 불여일견

바르게 따라 써 보세요.

백		번		듣	는		것	이		한
백		번		듣	는		것	이		한
번		보	는		것	만		못	하	다
번		보	는		것	만		못	하	다

아래 칸에 맞춰 써 보세요.

백 번 듣는 것이 한 번 보는 것만 못하다.

이럴 때 이렇게!

· 책으로 여러 번 보는 것보다 박물관에 한 번 가보는 것이 훨씬 도움이 돼요.
백 번 듣는 것이 한 번 보는 것만 못하잖아요.

56 뱁새가 황새를 따라가면 다리가 찢어진다.

다리가 짧은 뱁새가 다리가 긴 황새를 따라 걸으면 다리가 찢어진다는 말로,
자신의 형편을 생각하지 않고 무조건 남만 따라 하면 손해를 본다는 뜻이에요.

비슷한 속담 촉새가 황새를 따라가다 가랑이 찢어진다.

바르게 따라 써 보세요.

뱁 새 가 황 새 를 따 라 가
뱁 새 가 황 새 를 따 라 가

면 다 리 가 찢 어 진 다 .
면 다 리 가 찢 어 진 다 .

아래 칸에 맞춰 써 보세요.

뱁새가 황새를 따라가면 다리가 찢어진다.

이럴 때 이렇게!

· 친구를 따라서 비싼 가방과 비싼 옷을 사면 어떡하니?
뱁새가 황새를 따라가면 다리가 찢어지는 법이야.

57 범 무서워 산으로 못 가랴.

범이 아무리 무서워도 산에는 간다는 뜻으로,
어떤 일을 하는 데 방해되거나 어려움이 있어도 할 일은 꼭 해야 한다는 말이에요.

단어 뜻 **범 :** 호랑이를 뜻해요.

바르게 따라 써 보세요.

범		무	서	워		산	으	로		못
범		무	서	워		산	으	로		못
가	랴	.								
가	랴	.								

아래 칸에 맞춰 써 보세요.

범 무서워 산으로 못 가랴.

이럴 때 이렇게!

- 비행기 타기 싫다고 여행을 안 갈 수는 없지. 범 무서워 산으로 못 갈까.
- 범 무서워 산으로 못 가는 것처럼 싫어하는 친구가 같은 모둠이라고 숙제를 안 할 수는 없어.

58 벙어리 냉가슴 앓듯 하다.

벙어리가 답답한 마음을 말하지 못하고 속만 태우듯이
걱정되는 일을 아무에게도 말하지 못하고 혼자만 괴로워하는 것을 뜻해요.

단어 뜻 **냉가슴 :** 속으로만 끙끙대고 걱정하는 가슴앓이를 말해요.

바르게 따라 써 보세요.

벙	어	리		냉	가	슴		앓	듯	
벙	어	리		냉	가	슴		앓	듯	
하	다	.								
하	다	.								

아래 칸에 맞춰 써 보세요.

벙어리 냉가슴 앓듯 하다.

이럴 때 이렇게!

- 지환이를 좋아하는 민지는 말도 못하고 벙어리 냉가슴 앓듯 속만 태웠다.
- 비밀을 차마 말할 수 없는 수연이는 벙어리 냉가슴 앓듯 혼자서 끙끙댔어요.

59 벼룩의 간을 내어 먹는다.

벼룩은 아주 작아서 간을 내어 먹는 건 어려운 일이에요.
이에 빗대어 어려운 사람에게서 돈을 뜯어내거나 하는 짓이 인색한 사람을 이르는 말이에요.

비슷한 속담 모기 다리에서 피 뺀다.

바르게 따라 써 보세요.

벼 룩 의 간 을 내 어 먹

벼 룩 의 간 을 내 어 먹

는 다 .

는 다 .

아래 칸에 맞춰 써 보세요.

벼룩의 간을 내어 먹는다.

이럴 때 이렇게!

- 단 하나 남은 집마저 빼앗다니 벼룩의 간을 내어 먹는구나!
- 구두쇠 영감의 횡포에 동네 사람들은 벼룩의 간을 내어 먹는다고 손가락질을 했다.

60 부뚜막의 소금도 집어넣어야 짜다.

부뚜막에 소금이 있어도 음식에 넣지 않으면 짠맛을 낼 수 없듯이
아무리 조건이 좋고 쉬운 일이라도 조건을 이용하거나 실천하지 않으면 소용없다는 말이에요.

단어 뜻 **부뚜막 :** 옛날 부엌에서 솥을 걸기 위해 평평하게 만든 곳을 말해요.

바르게 따라 써 보세요.

부	뚜	막	의		소	금	도		집	어
부	뚜	막	의		소	금	도		집	어
넣	어	야		짜	다	.				
넣	어	야		짜	다	.				

아래 칸에 맞춰 써 보세요.

부뚜막의 소금도 집어넣어야 짜다.

이럴 때 이렇게!

· 부뚜막의 소금도 집어넣어야 짜다고 하잖아.
하나도 사용하지 않는데 좋은 미술 재료가 이렇게 많으면 뭐해?

61 비 온 뒤에 땅이 굳어진다.

비에 젖은 흙은 마르면서 단단하게 굳어진다는 말로,
어떤 어려움을 겪은 뒤에는 전보다 더 강해지고
함께 어려움을 겪은 사람은 더욱 친해진다는 뜻이에요.

바르게 따라 써 보세요.

비		온		뒤	에		땅	이		굳
비		온		뒤	에		땅	이		굳
어	진	다	.							
어	진	다	.							

아래 칸에 맞춰 써 보세요.

비 온 뒤에 땅이 굳어진다.

이럴 때 이렇게!

· 비 온 뒤에 땅이 굳어진다고 어려운 일을 겪고 난 후 우리 가족은 더욱 똘똘 뭉치게 되었다.

62 빈 수레가 요란하다.

수레에 짐을 많이 실으면 짐의 무게 때문에 수레가 조용히 굴러가지만
빈 수레는 덜컹거리며 요란하게 굴러가지요. 이를 비유하여 아는 것도 없는데
겉으로 잘난 체하며 떠들어 대는 것을 이르는 말이에요.

바르게 따라 써 보세요.

빈		수	레	가		요	란	하	다	.
빈		수	레	가		요	란	하	다	.

아래 칸에 맞춰 써 보세요.

빈 수레가 요란하다.

이럴 때 이렇게!

- 빈 수레가 요란하다고 쓸데없이 상품 설명을 장황하게 하는 상인에게는 물건을 사지 않는 게 좋아.

63 빈대 잡으려고 초가삼간 태운다.

작은 빈대를 잡으려고 집을 태운다는 말로,
큰 손해를 볼 것은 생각하지 않고 제 마음에 들지 않는 것만 없애려고 덤비는 것을 뜻해요.

단어 뜻 **초가삼간 :** 세 칸밖에 안 되는 초가라는 뜻으로 작은 집을 일컫는 말이에요.

바르게 따라 써 보세요.

빈	대		잡	으	려	고		초	가	삼
빈	대		잡	으	려	고		초	가	삼
간		태	운	다	.					
간		태	운	다	.					

아래 칸에 맞춰 써 보세요.

빈대 잡으려고 초가삼간 태운다.

이럴 때 이렇게!

- 간첩 한 명 잡으려고 온 동네 사람을 다 잡아가다니, 빈대 잡으려고 초가삼간 다 태우는군!
- 빈대 잡으려고 초가삼간 태운다더니 악성 댓글을 막으려고 홈페이지를 아예 폐쇄해 버렸다.

64 빛 좋은 개살구

빛깔이 좋아 먹음직스러운 개살구는 먹어 보면 맛은 없어요.
이처럼 겉은 그럴듯하지만 속은 형편없거나 일이 실속 없음을 이르는 말이에요.

바르게 따라 써 보세요.

빛		좋	은		개	살	구			
빛		좋	은		개	살	구			

아래 칸에 맞춰 써 보세요.

빛 좋은 개살구

이럴 때 이렇게!

· 좋은 정책을 많이 만들었다고 하지만 빛 좋은 개살구라고 정작 시민들이 활용할 수 있는 정책은 별로 없었다.

65 사냥 가는 데 총 놓고 간다.

사냥을 하러 가는 데 꼭 필요한 총을 놓고 간다는 말로,
무슨 일을 하러 가면서 필요한 물건을 빠뜨리고 가는 것을 뜻해요.

같은 속담 사냥 가는 데 총을 안 가지고 가는 것 같다.

바르게 따라 써 보세요.

사	냥		가	는		데		총		놓
사	냥		가	는		데		총		놓
고		간	다	.						
고		간	다	.						

아래 칸에 맞춰 써 보세요.

사냥 가는 데 총 놓고 간다.

이럴 때 이렇게!

- 학교에 가는 녀석이 가방을 놓고 가다니, 사냥 가는 데 총 놓고 가는 격이구나.
- 사냥 가는 데 총 놓고 간다고 발표 자료가 담긴 USB를 놓고 왔지 뭐야.

66 사돈 남 나무란다.

사돈에게 할 말을 직접 하지 못하고 다른 사람에게 말한다는 뜻으로, 듣는 사람의 마음을 생각하며 곧바로 말하지 않고 빗대어 말한 것을 모르고 그 말에 맞장구치는 것을 말해요. 또 자신의 잘못은 알지 못하고 남의 잘못만 흉보는 것을 일컫는 말이에요.

바르게 따라 써 보세요.

사	돈		남		나	무	란	다	.	
사	돈		남		나	무	란	다	.	

아래 칸에 맞춰 써 보세요.

사돈 남 나무란다.

이럴 때 이렇게!

- 사돈 남 나무란다고 자기 집 앞의 쓰레기는 못 보고 남의 집 앞에 쌓인 눈을 치우라고 한다.
- 달걀부침도 잘 못하면서 내 요리 실력을 흉보다니 사돈 남 나무라는군!

67 사람은 얼굴보다 마음이 고와야 한다.

말 그대로 사람은 얼굴이 잘생기고 예쁜 것보다
마음씨가 훌륭한 것이 더 중요하다는 뜻이에요.

바르게 따라 써 보세요.

사	람	은		얼	굴	보	다		마	음
사	람	은		얼	굴	보	다		마	음
이		고	와	야		한	다	.		
이		고	와	야		한	다	.		

아래 칸에 맞춰 써 보세요.

사람은 얼굴보다 마음이 고와야 한다.

이럴 때 이렇게!

· 저런 예쁜 얼굴로 친구들 험담만 하고 다니는 걸 보니,
역시 사람은 얼굴보다 마음이 고와야 한다니까!

68 사촌이 땅을 사면 배가 아프다.

가까운 친척인 사촌이 땅을 사서 잘됐는데 배가 아플 정도로 질투가 난다는 말로,
남이 잘되는 것을 시기하고 질투하는 것을 뜻해요.

단어 뜻 **사촌 :** 아버지의 형제와 자매의 아들이나 딸을 말해요.

바르게 따라 써 보세요.

사	촌	이		땅	을		사	면		배
사	촌	이		땅	을		사	면		배
가		아	프	다	.					
가		아	프	다	.					

아래 칸에 맞춰 써 보세요.

사촌이 땅을 사면 배가 아프다.

이럴 때 이렇게!

- 사촌이 땅을 사면 배가 아프다더니 옆집 민수가 전교 1등을 하자 축하하는 마음보다 질투가 났다.

69 소문난 잔치에 먹을 것 없다.

떠들썩하게 소문난 잔칫집에 가 보니 먹을 만한 음식이 없다는 뜻으로, 소문과 다르게 실속 없거나 소문과 실제가 다른 것을 비유하는 말이에요.

같은 속담 이름난 잔치 배고프다.

바르게 따라 써 보세요.

소	문	난		잔	치	에		먹	을	
소	문	난		잔	치	에		먹	을	
것		없	다	.						
것		없	다	.						

아래 칸에 맞춰 써 보세요.

소문난 잔치에 먹을 것 없다.

이럴 때 이렇게!

- 소문난 잔치에 먹을 것 없다더니 할인 행사로 사람들이 북적이는 상점에서는 물건을 비싸게 팔고 있었다.

70 쇠뿔도 단김에 빼라.

단단하게 박힌 소의 뿔은 불로 달구어 놓았을 때 빨리 빼야 한다는 말로,
무슨 일이든 하려고 계획했으면 망설이지 말고 시작해야 한다는 뜻이에요.

단어 뜻 **단김 :** 달아올라 뜨거운 김을 가리키는 말이에요.

바르게 따라 써 보세요.

쇠	뿔	도		단	김	에		빼	라	.
쇠	뿔	도		단	김	에		빼	라	.

아래 칸에 맞춰 써 보세요.

쇠뿔도 단김에 빼라.

이럴 때 이렇게!

- 쇠뿔도 단김에 빼라고 하니 영어를 잘하고 싶으면 지금 바로 공부를 시작해라.
- 계속 고민만 하지 말고 행동으로 옮겨라. 쇠뿔도 단김에 빼라고 하지 않니.

71 숭어가 뛰니까 망둥이도 뛴다.

망둥이가 제 분수도 모르고 숭어를 따라 한다는 말로,
자신의 처지를 생각하지 않고 무조건 자신보다 나은 사람을 따라 한다는 뜻이에요.

비슷한 속담 망둥이가 뛰면 꼴뚜기도 뛴다.

바르게 따라 써 보세요.

숭	어	가		뛰	니	까		망	둥	이
숭	어	가		뛰	니	까		망	둥	이
도		뛴	다	.						
도		뛴	다	.						

아래 칸에 맞춰 써 보세요.

숭어가 뛰니까 망둥이도 뛴다.

이럴 때 이렇게!

- 엄마는 형을 따라서 떼쓰는 동생에게 "숭어가 뛰니까 망둥이도 뛰는구나." 라고 말씀하셨다.
- 숭어가 뛰니까 망둥이도 뛴다고 무작정 남이 한다고 따라 하면 안 된다.

72 숯이 검정 나무란다.

검은 숯이 검은색에게 검다고 흉을 본다는 뜻으로,
자신의 허물은 생각하지 않고 남의 허물을 탓한다는 말이에요.

바르게 따라 써 보세요.

숯	이		검	정		나	무	란	다	.
숯	이		검	정		나	무	란	다	.

아래 칸에 맞춰 써 보세요.

숯이 검정 나무란다.

이럴 때 이렇게!

- 숯이 검정 나무란다고 숙제도 하지 않은 친구가 내가 한 숙제가 틀렸다며 핀잔을 줬다.
- 자기의 뚱뚱함은 모르고 남의 키 작음을 나무라니 숯이 검정 나무라는 꼴이다.

73 시작이 반이다.

어떤 일을 시작하면 이미 절반은 마친 것과 같다는 말로,
무슨 일이든지 시작하기가 어렵지 한번 시작하고 나면 일을 마치기는
생각보다 어렵지 않다는 뜻이에요.

바르게 따라 써 보세요.

시 작 이 반 이 다.

시 작 이 반 이 다.

아래 칸에 맞춰 써 보세요.

시작이 반이다.

이럴 때 이렇게!

- 시작이 반이라고 하니 아무리 어려워 보이는 과제라도 우선 시작부터 해 봐라.
- 시작이 반이라고 벼르기만 했던 운동을 막상 시작하니 꾸준히 하게 되었다.

74 싼 것이 비지떡

비지떡은 값은 싸지만 맛이 없다는 말로,
값이 싼 물건은 그만큼 품질도 나빠서 금방 쓸 수 없게 된다는 말이에요.

단어 뜻 **비지떡 :** 두부를 만들고 난 비지에 밀가루를 넣어 만든 떡으로, 보잘것없는 것을 비유해요.

바르게 따라 써 보세요.

싼		것	이		비	지	떡			
싼		것	이		비	지	떡			

아래 칸에 맞춰 써 보세요.

싼 것이 비지떡

이럴 때 이렇게!

- 싼 것이 비지떡이라더니 싼값에 사온 딸기가 모두 물렀다.
- 싼 것이 비지떡이라고 다른 곳보다 저렴한 가격에 예약한 숙소는 아주 지저분했다.

재미있는 속담 퀴즈

1 다음 속담의 빈칸에 들어갈 말을 써 보세요.

1) 바늘구멍으로 □□□□ 들어온다.

2) □□□□에 앉은 것 같다.

3) 뱁새가 □□를 따라가면 다리가 찢어진다.

4) 벙어리 □□□ 앓듯 하다.

5) □ 무서워 산으로 못 가랴.

6) □ 온 뒤에 땅이 굳어진다.

7) 빈대 잡으려고 □□□□ 태운다.

8) 소문난 □□에 먹을 것 없다.

9) □□도 단김에 빼라.

10) 싼 것이 □□□

정답

1. 1) 황소바람 2) 바늘방석 3) 황새 4) 냉가슴 5) 범 6) 비 7) 초가삼간 8) 잔치 9) 쇠뿔 10) 비지떡

2 아래 단어가 들어가는 속담을 3가지 이상 쓰세요.

벼룩 부뚜막 수레 개살구
사돈 숯 사촌

3 다음 상황에 어울리는 속담을 쓰세요.

지민 : 재윤아, 지우개를 안 가져왔는데 좀 빌려줄래?

재윤 : 싫어, 내가 왜 너한테 빌려줘야 하는데?

지민 : 그러지 말고 좀 빌려줘라. 나도 전에 색연필 빌려줬잖아!

재윤 : 안 돼, 원래 내 물건 남하고 같이 안 쓴다고.

지민 : 정말 인색하구나. ____________

정답

2. 벼룩의 간을 내어 먹는다. / 부뚜막의 소금도 집어넣어야 짜다. / 빈 수레가 요란하다. / 빛 좋은 개살구 / 사돈 남 나무란다. / 사촌이 땅을 사면 배가 아프다. / 숯이 검정 나무란다.

3. 바늘로 찔러도 피 한 방울 안 나오겠어. / 바늘로 찔러도 피 한 방울 안 나올 것 같아.

75 아는 길도 물어 가랬다.

아는 길도 다시 한 번 물어 확인하고 가라는 말로,
쉬운 일이나 잘 아는 일도 신중하게 생각하여 실패가 없게 해야 한다는 뜻이에요.

같은 속담 돌다리도 두들겨 보고 건너라.

바르게 따라 써 보세요.

아	는		길	도		물	어		가	랬
아	는		길	도		물	어		가	랬
다	.									
다	.									

아래 칸에 맞춰 써 보세요.

아는 길도 물어 가랬다.

이럴 때 이렇게!

- 아는 길도 물어 가랬으니 다 아는 문제라도 꼼꼼히 풀어야 한다.
- 아는 길도 물어 가랬어. 이 방향이 맞는지 다시 한 번 확인하고 출발하자!

76 아닌 밤중에 홍두깨

어두운 밤에 홍두깨를 내민다는 말로, 예상하지 못한 뜻밖의 일을 당하거나 엉뚱한 말이나 행동을 했을 때 쓰는 말이에요.

단어 뜻 **홍두깨 :** 나무를 둥글고 길쭉하게 깎아 옷감을 다듬이질하는 데 사용하는 도구를 말해요.

바르게 따라 써 보세요.

아	닌		밤	중	에		홍	두	깨	
아	닌		밤	중	에		홍	두	깨	

아래 칸에 맞춰 써 보세요.

아닌 밤중에 홍두깨

이럴 때 이렇게!

- 옆집에 불이 났다고? 이게 무슨 아닌 밤중에 홍두깨야!
- 아닌 밤중에 홍두깨도 아니고 갑자기 밖으로 나와 보라니 무슨 일이야?

77 아이 보는 데는 찬물도 못 먹는다.

아이들은 보는 것을 그대로 따라 하기 때문에 아이들이 볼 때는 찬물도 함부로 마시면 안 된다는 말이에요. 아이들 앞에서는 말이나 행동을 함부로 해서는 안 되며, 남이 하는 말이나 행동을 그대로 따라 하는 것을 비유하는 말이에요.

바르게 따라 써 보세요.

아	이		보	는		데	는		찬	물
아	이		보	는		데	는		찬	물
도		못		먹	는	다	.			
도		못		먹	는	다	.			

아래 칸에 맞춰 써 보세요.

아이 보는 데는 찬물도 못 먹는다.

이럴 때 이렇게!

- 아이들 앞에서는 항상 행동을 바르게 해야 해. 아이 보는 데는 찬물도 못 먹는다잖니.
- 아이 보는 데는 찬물도 못 먹는다는데, 아이들 앞에서 쓰레기를 함부로 버리면 안 돼요!

78 앓던 이 빠진 것 같다.

이가 아파서 앓고 있었는데 드디어 그 이가 빠졌다는 말로,
걱정하던 일이 해결되거나 없어져서 후련하다는 뜻이에요.

바르게 따라 써 보세요.

앓	던		이		빠	진		것		같
앓	던		이		빠	진		것		같
다	.									
다	.									

아래 칸에 맞춰 써 보세요.

앓던 이 빠진 것 같다.

이럴 때 이렇게!

- 나를 괴롭히던 친구가 전학 간다는 소문을 듣자마자 앓던 이 빠진 것처럼 시원했다.
- 며칠 동안 풀리지 않았던 수학 문제가 풀리자 앓던 이 빠진 것 같았다.

79 약방에 감초

한약방에는 감초를 넣는 일이 많아서 항상 감초가 있다는 말로, 어떤 모임에 꼭 참석하는 사람이나 어떤 일이든 꼭 끼어드는 사람, 꼭 있어야 할 물건에 비유해요.

단어 뜻 **감초 :** 감초는 여러해살이풀로 뿌리가 달아서 쓴 한약을 만들 때 자주 이용해요.

바르게 따라 써 보세요.

약	방	에		감	초					
약	방	에		감	초					

아래 칸에 맞춰 써 보세요.

약방에 감초

이럴 때 이렇게!

· 성재는 약방에 감초처럼 동아리의 모든 일에 참여하고 있었다.

· 그는 한국 정부와 일본 정부를 오고 가며 약방의 감초 역할을 하고 있다.

80 엎어지면 코 닿을 데

넘어지면 코가 닿을 정도의 거리라는 뜻으로,
매우 가까운 거리를 비유하는 말이에요.

같은 속담 넘어지면 코 닿을 데

바르게 따라 써 보세요.

엎	어	지	면		코		닿	을		데
엎	어	지	면		코		닿	을		데

아래 칸에 맞춰 써 보세요.

엎어지면 코 닿을 데

이럴 때 이렇게!

- 엎어지면 코 닿을 데 살면서 전화도 한 번 안 하니 섭섭하구나.
- 시현이네와 우리 집은 엎어지면 코 닿을 만큼 가깝다.

81 엎어진 김에 쉬어 간다.

어차피 넘어졌으니 이때 쉬어서 가자는 말로,
생각지 않았던 기회를 만난 김에 하고 싶었던 일을 이룬다는 뜻이에요.

같은 속담 넘어진 김에 쉬어 간다.

바르게 따라 써 보세요.

엎 어 진 김 에 쉬 어 간
엎 어 진 김 에 쉬 어 간

다 .
다 .

아래 칸에 맞춰 써 보세요.

엎어진 김에 쉬어 간다.

이럴 때 이렇게!

- 엎어진 김에 쉬어 간다고 이번 시합에서 탈락한 김에 조금 쉬었다 훈련을 시작하자.
- 비가 와서 여행도 못 가니 집에서 책이나 읽기로 했어. 엎어진 김에 쉬어 간다잖아.

82 열 길 물속은 알아도 한 길 사람의 속은 모른다.

열 길이나 되는 물속의 깊이는 잴 수 있지만 사람의 마음은 한 길밖에 안 되어도 알 수 없다는 말로, 사람의 속마음은 헤아리기 어렵다는 뜻이에요.

단어 뜻 **길 :** 길이의 단위. 한 길은 약 2.4미터 또는 3미터에 해당하며, 사람 키 정도의 길이를 말해요.

바르게 따라 써 보세요.

열		길		물	속	은		알	아	도
열		길		물	속	은		알	아	도
한		길		사	람	의		속	은	
한		길		사	람	의		속	은	
모	른	다	.							
모	른	다	.							

아래 칸에 맞춰 써 보세요.

열 길 물속은 알아도 한 길 사람의 속은 모른다.

이럴 때 이렇게!

· 열 길 물속은 알아도 한 길 사람의 속은 모른다더니 친절하기만 했던 슈퍼 아저씨가 도둑질을 하다 경찰에 붙잡혔대.

83 우물에 가 숭늉 찾는다.

우물에서 물을 떠서 밥을 짓고 숭늉을 만들어야 하는데 우물에서 곧장 숭늉을 찾는다는 말로, 모든 일에는 순서와 차례가 있는데 이를 무시하고 급하게 서두른다는 뜻이에요.

비슷한 속담 싸전에 가서 밥 달라고 한다.

바르게 따라 써 보세요.

우	물	에		가		숭	늉		찾	는
우	물	에		가		숭	늉		찾	는
다	.									
다	.									

아래 칸에 맞춰 써 보세요.

우물에 가 숭늉 찾는다.

이럴 때 이렇게!

- 짜장면을 주문한 지 5분도 안 돼서 독촉 전화를 하다니 우물에 가 숭늉 찾는 격이네.
- 우물에 가 숭늉 찾는다고 성질이 그렇게 급해서 어떡하니?

84 울며 겨자 먹기

매워서 울면서도 겨자를 먹는다는 말로,
하기 싫은 일을 억지로 하거나 마음에 없는 일을 주변 상황에 의해
어쩔 수 없이 하게 된 것을 비유하는 말이에요.

바르게 따라 써 보세요.

울	며		겨	자		먹	기			
울	며		겨	자		먹	기			

아래 칸에 맞춰 써 보세요.

울며 겨자 먹기

이럴 때 이렇게!

- 현주는 울며 겨자 먹기로 반 대항 달리기 선수로 출전했습니다.
- 민석이는 울며 겨자 먹기로 자신이 딴 구슬을 모두 돌려주었다.

85 원님 덕에 나팔 분다.

원님의 행차가 있는 자리에 아무 관계없던 사람이 길목에 서 있다가 나팔을 불게 되는 영광을 입었다는 말로, 남의 덕으로 분에 넘치는 대접 받는 것을 뜻해요.

단어 뜻 **원님 :** 옛날에 각 고을을 맡아 다스리던 지방 관리를 말해요.

바르게 따라 써 보세요.

원	님		덕	에		나	팔		분	다.
원	님		덕	에		나	팔		분	다.

아래 칸에 맞춰 써 보세요.

원님 덕에 나팔 분다.

이럴 때 이렇게!

- 원님 덕에 나팔 분다고 선생님을 따라 박람회에 갔다가 선물도 받았다.
- 원님 덕에 나팔 분다더니 올림픽에 출전한 친구 덕분에 경기를 관람할 수 있게 되었어.

86 입에 쓴 약이 병에는 좋다.

좋은 약도 당장은 입에 쓰고 먹기가 괴로워요.
이렇듯 자기에게 이로운 충고도 당장은 듣기 싫지만 결과는 이롭다는 뜻이에요.

같은 속담 입에 쓴 약이 병을 고친다.

바르게 따라 써 보세요.

입	에		쓴		약	이		병	에	는
입	에		쓴		약	이		병	에	는
좋	다	.								
좋	다	.								

아래 칸에 맞춰 써 보세요.

입에 쓴 약이 병에는 좋다.

이럴 때 이렇게!

- 입에 쓴 약이 병에는 좋다고 하니 나무라는 선생님의 말씀을 잘 새겨듣도록 해.
- 입에 쓴 약이 병에는 좋다고 당장은 듣기 싫은 충고라도 무시하면 안 된다.

87 입이 열 개라도 할 말이 없다.

큰 잘못을 하여 입이 열 개라도 변명할 말이 없다는 말로,
잘못이 분명하게 드러나 변명도 할 수 없다는 뜻이에요.

비슷한 속담 입이 광주리만 해도 말 못한다.

바르게 따라 써 보세요.

입	이		열		개	라	도		할	
입	이		열		개	라	도		할	
말	이		없	다	.					
말	이		없	다	.					

아래 칸에 맞춰 써 보세요.

입이 열 개라도 할 말이 없다.

이럴 때 이렇게!

- 거짓말 한 것이 들통 난 마당에 입이 열 개라도 할 말이 없다.
- 다른 사람을 다치게 한 사람은 입이 열 개라도 할 말이 없어!

88 젊어서 고생은 사서도 한다.

젊었을 때 고생을 찾아서라도 하라는 말로,
젊었을 때의 고생은 나이가 든 후에 도움이 된다는 뜻이에요.
이처럼 스스로 어려운 일을 맡아서 지혜와 경험을 쌓는 것을 말해요.

바르게 따라 써 보세요.

젊	어	서		고	생	은		사	서	도
젊	어	서		고	생	은		사	서	도
한	다	.								
한	다	.								

아래 칸에 맞춰 써 보세요.

젊어서 고생은 사서도 한다.

이럴 때 이렇게!

- 젊어서 고생은 사서도 한다기에 친구와 둘이 배낭여행을 떠났다.
- 젊어서 고생은 사서도 한다잖아. 아르바이트도 많이 해 볼수록 도움이 될 거야.

89 제 꾀에 제가 넘어간다.

꾀를 부려서 남을 속이려다가 도리어 자신이 그 꾀에 속아 넘어갔다는 말로,
꾀를 부리려다가 오히려 자신이 손해를 입게 되는 것을 뜻해요.

같은 속담 제 딴죽에 제가 넘어졌다.

바르게 따라 써 보세요.

제		꾀	에		제	가		넘	어	간
제		꾀	에		제	가		넘	어	간
다	.									
다	.									

아래 칸에 맞춰 써 보세요.

제 꾀에 제가 넘어간다.

이럴 때 이렇게!

- 제 꾀에 제가 넘어간다고 사실을 숨기려고 했던 것이 들통 나 신뢰까지 잃고 말았어.
- 제 꾀에 제가 넘어간다고 청소를 안 하려고 숨어 있다가 결국 화장실 청소를 맡게 되었어.

90 지성이면 감천

정성이 지극하면 하늘도 감동하여 도와준다는 말로,
어떤 일이든 정성을 다하면 어려운 일도 순조롭게 해결하고
좋은 결과를 얻을 수 있다는 뜻이에요.

바르게 따라 써 보세요.

지	성	이	면		감	천				
지	성	이	면		감	천				

아래 칸에 맞춰 써 보세요.

지성이면 감천

이럴 때 이렇게!

- 지성이면 감천이라고 자식을 위해 밤낮없이 기도하더니 아들이 시험에 합격했대.
- 지성이면 감천이라고 매일 이렇게 노력하고 있으니 꿈을 이룰 수 있을 거야.

재미있는 속담 퀴즈

1 다음 속담의 빈칸에 들어갈 말을 써 보세요.

1) 아는 □도 물어 가랬다.

2) 아닌 밤중에 □□□

3) 아이 보는 데는 □□도 못 먹는다.

4) 앓던 □ 빠진 것 같다.

5) 엎어지면 □ 닿을 데

6) 열 길 물속은 알아도 한 길 □□의 속은 모른다.

7) 우물에 가 □□ 찾는다.

8) □□ 덕에 나팔 분다.

9) 젊어서 □□은 사서도 한다.

10) 지성이면 □□

정답

1. 1) 길 2) 홍두깨 3) 찬물 4) 이 5) 코 6) 사람 7) 숭늉 8) 원님 9) 고생 10) 감천

2 아래 단어가 들어가는 속담을 3가지 이상 쓰세요.

감초　물속　원님　겨자

우물　꾀　입이 열 개

---

3 다음 상황에 어울리는 속담을 쓰세요.

수정 : 크리스마스트리의 꼭대기에 별만 달면 완성이야!

민정 : 수정아, 조심해!

수정 : 어떡해! 트리 장식이 모두 떨어져 버렸어!
나 때문이야…….

민정 : 수정아, 괜찮아.
________, 우리 조금만 쉬었다 다시 하자.

정답

2. 약방에 감초 / 열 길 물속은 알아도 한 길 사람의 속은 모른다. / 우물에 가 숭늉 찾는다. / 울며 겨자 먹기 / 원님 덕에 나팔 분다. / 제 꾀에 제가 넘어간다. / 입이 열 개라도 할 말이 없다.
3. 엎어진 김에 쉬어 간다고 / 엎어진 김에 쉬어 가랬다고

91 첫술에 배부르랴.

처음 뜨는 한 숟가락의 밥으로 배가 부를 리 없다는 말로,
어떤 일을 하든지 처음부터 만족할 수 없다는 뜻이에요.

같은 속담 한술 밥에 배부르랴.

바르게 따라 써 보세요.

첫	술	에		배	부	르	랴	.		
첫	술	에		배	부	르	랴	.		

아래 칸에 맞춰 써 보세요.

첫술에 배부르랴.

이럴 때 이렇게!

- 첫술에 배부르랴. 이번 공연은 아쉬움이 많이 남았다.
- 첫술에 배부르기란 쉽지 않듯이 일을 시작한 지 얼마 안 되었으니 차근차근 배우면 돼.

92 친구 따라 강남 간다.

친구를 좋아하면 먼 곳이라도 따라간다는 말로,
자기는 하고 싶지 않은데 남에게 이끌려 좇아서 하게 된다는 뜻이에요.

바르게 따라 써 보세요.

친	구		따	라		강	남		간	다.
친	구		따	라		강	남		간	다.

아래 칸에 맞춰 써 보세요.

친구 따라 강남 간다.

이럴 때 이렇게!

- 친구 따라 강남 간다고 보고 싶지 않은 공연에 친구 때문에 억지로 끌려갔다.
- 전혀 관심 없는 피아노를 배우자고 조르는 짝꿍 때문에 친구 따라 강남 가게 생겼다.

93 칼로 물 베기

칼로 아무리 물을 베어도 물은 제자리예요.
이처럼 서로 다투었다가도 얼마 지나지 않아 금방 사이좋게 지낸다는 뜻이에요.

바르게 따라 써 보세요.

칼 로 물 베 기

칼 로 물 베 기

아래 칸에 맞춰 써 보세요.

칼로 물 베기

이럴 때 이렇게!

- 부부 싸움은 칼로 물 베기라고 한다.
- 형제들끼리 싸우는 것은 칼로 물 베기라고 다투었다가도 금세 웃고 떠든다.

94 콩을 팥이라 해도 곧이듣는다.

콩을 팥이라고 하는데도 믿는다는 말로,
평소에 믿음을 주는 사람은 거짓말을 해도 그 말을 믿는다는 뜻이에요.
또는 남의 말을 무조건 믿는 것을 비유하기도 해요.

바르게 따라 써 보세요.

콩	을		팥	이	라		해	도		곧
콩	을		팥	이	라		해	도		곧
이	듣	는	다	.						
이	듣	는	다	.						

아래 칸에 맞춰 써 보세요.

콩을 팥이라 해도 곧이듣는다.

이럴 때 이렇게!

- 윤석이는 너무 순진해서 콩을 팥이라 해도 곧이듣는다.
- 콩을 팥이라고 해도 곧이듣던 아버지가 더 이상 사람을 믿지 못하겠다고 하셨다.

95 털어서 먼지 안 나는 사람 없다.

옷을 털면 먼지가 안 나는 사람이 없어요.
이렇듯 누군가의 결점을 찾으려 하면 아무리 선한 사람이라고 해도
결점 없는 사람은 없다는 뜻이에요.

바르게 따라 써 보세요.

털어서 먼지 안 나는 ∨

털어서 먼지 안 나는

사람 없다.

사람 없다.

아래 칸에 맞춰 써 보세요.

털어서 먼지 안 나는 사람 없다.

이럴 때 이렇게!

- 털어서 먼지 안 나는 사람 없으니 다른 사람의 허물을 일부러 들추면 안 된다.
- 털어서 먼지 안 나는 사람 없다고 그 누구도 당당하게 수사에 협조하지 않았다.

96 핑계 없는 무덤이 없다.

수많은 무덤은 각자 죽은 사연을 가지고 있듯이, 잘못을 저지른 사람이 여러 가지 핑계를 대며 변명하는 것을 비유하는 말이에요.

비슷한 속담 처녀가 아이를 낳아도 할 말이 있다.

바르게 따라 써 보세요.

핑	계		없	는		무	덤	이		없
핑	계		없	는		무	덤	이		없

다	.									
다	.									

아래 칸에 맞춰 써 보세요.

핑계 없는 무덤이 없다.

이럴 때 이렇게!

- 다른 사람을 해코지한 사람도 할 말이 있다는 걸 보면 핑계 없는 무덤은 없는가 보다.
- 핑계 없는 무덤이 없다고 잘못을 하고도 큰소리치고 있군.

97 호랑이에게 물려 가도 정신만 차리면 산다.

호랑이에게 물려 가서 목숨이 위험한 상황이라도
정신만 바로 차리면 살 수 있다는 말로, 아무리 위급한 상황이라도
정신만 차리면 위기를 빠져나갈 방법이 있다는 뜻이에요.

바르게 따라 써 보세요.

호	랑	이	에	게		물	려		가	도 ∨
호	랑	이	에	게		물	려		가	도
정	신	만		차	리	면		산	다	.
정	신	만		차	리	면		산	다	.

아래 칸에 맞춰 써 보세요.

호랑이에게 물려 가도 정신만 차리면 산다.

이럴 때 이렇게!

· 호랑이에게 물려 가도 정신만 차리면 산다고 했으니
정신 바짝 차리고 이 문제를 해결할 수 있는 방법을 찾아보자.

98 호박이 넝쿨째로 굴러떨어졌다.

호박이 여럿 달린 넝쿨이 통째로 굴러왔다는 말로,
예상하지 않았던 뜻밖의 좋은 물건을 얻거나 큰 행운이 생겼을 때를 이르는 말이에요.

비슷한 속담 굴러 온 호박

바르게 따라 써 보세요.

호	박	이		넝	쿨	째	로		굴	러
호	박	이		넝	쿨	째	로		굴	러
떨	어	졌	다	.						
떨	어	졌	다	.						

아래 칸에 맞춰 써 보세요.

호박이 넝쿨째로 굴러떨어졌다.

이럴 때 이렇게!

- 하루아침에 가게가 문전성시를 이루니 호박이 넝쿨째로 굴러떨어진 것 같아.
- 예쁜 신부를 보게 된 삼촌에게 사람들은 호박이 넝쿨째로 굴러떨어졌다고 말했다.

99 혹 떼러 갔다 혹 붙여 온다.

혹부리 영감이 도깨비를 속여서 혹을 떼러 갔다가 혹을 하나 더 붙여 온 것에서 나온 말이에요. 즉, 도움을 받으러 갔다가 다른 일까지 맡게 되거나 오히려 손해를 보고 온 것을 뜻해요.

바르게 따라 써 보세요.

혹		떼	러		갔	다		혹		붙
혹		떼	러		갔	다		혹		붙
여		온	다	.						
여		온	다	.						

아래 칸에 맞춰 써 보세요.

혹 떼러 갔다 혹 붙여 온다.

이럴 때 이렇게!

- 상품을 교환하러 갔다가 외상값까지 물어주게 생겼으니, 혹 떼러 갔다 혹 붙여 온 꼴이군.
- 혹 떼러 갔다 혹 붙여 온다고 예뻐지려고 성형 수술을 했다가 부작용으로 고생하고 있다.

100 황소 뒷걸음치다가 쥐 잡는다.

황소가 뒤로 물러서다가 그 자리에 있던 쥐를 밟아서 잡게 되었다는 말로,
어떤 일을 우연한 기회에 이루거나 생각 없이 한 말이 정답일 때 쓰는 말이에요.

비슷한 속담 황소 뒷걸음에 잡힌 개구리

바르게 따라 써 보세요.

황 소 뒷 걸 음 치 다 가 쥐 ∨

황 소 뒷 걸 음 치 다 가 쥐

잡 는 다 .

잡 는 다 .

아래 칸에 맞춰 써 보세요.

황소 뒷걸음치다가 쥐 잡는다.

이럴 때 이렇게!

- 그 겁쟁이가 도둑을 잡았다고? 황소 뒷걸음치다가 쥐 잡는다더니!
- 황소 뒷걸음치다가 쥐 잡는다고 아무렇게나 써 낸 답이 정답이었다.

재미있는 속담 퀴즈

1 **다음 속담의 빈칸에 들어갈 말을 써 보세요.**

1) ☐☐에 배부르랴.

2) 친구 따라 ☐☐ 간다.

3) 칼로 ☐ 베기

4) ☐을 팥이라 해도 곧이듣는다.

5) 털어서 ☐☐ 안 나는 사람 없다.

6) ☐☐ 없는 무덤이 없다.

7) 호랑이에게 물려 가도 ☐☐만 차리면 산다.

8) 호박이 ☐☐☐로 굴러떨어졌다.

9) ☐ 떼러 갔다 ☐ 붙여 온다.

10) 황소 뒷걸음치다가 ☐ 잡는다.

정답

1. 1) 첫술 2) 강남 3) 물 4) 콩 5) 먼지 6) 핑계 7) 정신 8) 넝쿨째 9) 혹 10) 쥐

2 아래 단어가 들어가는 속담을 3가지 이상 쓰세요.

칼　황소　친구　무덤

호랑이　팥　호박

---

3 다음 상황에 어울리는 속담을 쓰세요.

새윤 : 현석아, 왜 그래? 무슨 고민 있어?

현석 : 어제 엄마 아빠가 큰 소리로 다투신 게
마음에 걸려서 그래.

새윤 : 그랬구나, 너무 걱정 마.
부부싸움은 ______________ .

정답

2. 친구 따라 강남 간다. / 칼로 물 베기 / 콩을 팥이라 해도 곧이듣는다. / 핑계 없는 무덤이 없다. / 호랑이에게 물려 가도 정신만 차리면 산다. / 호박이 넝쿨째로 굴러떨어졌다. / 황소 뒷걸음치다가 쥐 잡는다.
3. 칼로 물 베기라고 하잖아. / 칼로 물 베기라고 했어.

지은이 키즈키즈 교육연구소

기획과 편집, 창작 활동을 전문으로 하는 유아동 교육연구소입니다.
어린이들이 건강한 생각을 키우고 올곧은 인성을 세우는 데 도움이 되는
교육 콘텐츠를 개발하고 있습니다. 즐기면서 배울 수 있는 프로그램 개발에도
힘쓰고 있으며, 단행본과 학습지 등 다양한 분야에서 활동하고 있습니다.

하루 10분 속담 2단계 따라쓰기

중쇄 인쇄 | 2024년 12월 24일
중쇄 발행 | 2024년 12월 30일
지은이 | 키즈키즈 교육연구소
펴낸이 | 박수길
펴낸곳 | (주)도서출판 미래지식
기획 편집 | 이솔 · 김아롬
디자인 | design Ko

주소 | 경기도 고양시 덕양구 통일로 140 삼송테크노밸리 A동 3층 333호
전화 | 02)389-0152
팩스 | 02)389-0156
홈페이지 | www.miraejisig.co.kr
이메일 | miraejisig@naver.com
등록번호 | 제 2018-000205호

ISBN 979-11-90107-65-5 64700
ISBN 979-11-90107-41-9 (세트)

*미래주니어는 미래지식의 어린이책 브랜드입니다.